# Objektophilie und das Heiraten von Gegenständen
## Ein Gedankenexperiment

## Inhalte

1. Können Gegenstände menschlich sein?

2. Was motiviert einen erwachsenen Menschen dazu, einen Gegenstand zu lieben?

3. Warum heiraten wir eigentlich?

4. Sollte eine standesamtlich legitimierte Eheschließung zwischen einem Menschen und einem Gegenstand zugelassen werden?

Neben dem Begriff Objektophilie wird auch der Begriff Objektsexualität benutzt. Ich persönlich bevorzuge den Begriff Objektophilie, da er in meinen Ohren feinsinniger klingt und somit der emotionalen Tiefe der Empfindungen von Objektophilen eher gerecht wird. Zudem verleitet der Begriff Objektsexualität meiner Auffassung nach dazu, dahinter eine von ausschließlich sexuellem Verlangen getragene Beziehung zu vermuten. Und dieses sehe ich aufgrund dessen, was ich über das Thema in Erfahrung gebracht habe, als nicht gerechtfertigt an.

Im Text werde ich, anstelle des Begriffes Objekt, überwiegend den Begriff Gegenstand benutzen, da ich ihn für eindeutig halte, während der Begriff Objekt im Sprachgebrauch bisweilen auch verallgemeinernd angewendet wird.

# Objektophilie und das Heiraten von Gegenständen
## Ein Gedankenexperiment

**Vorwort**

Haben Sie schon einmal darüber nachgedacht, warum Sie sexuell auf Menschen stehen, also humanophil sind. "na, das ist doch ganz normal", werden Sie vielleicht spontan antworten. Aber trotzdem, warum ist das so? Und warum haben Sie, wie jedenfalls die meisten von uns, eine Präferenz auf das weibliche oder das männliche Geschlecht?

„Das ist eben von der Natur so eingerichtet", denke Sie jetzt vermutlich. Ja, das denke ich auch. Es ist etwas, dass wir von Geburt an mitgegeben bekommen und das dann im Leben ein Teil von uns ist. Deshalb ist es auch legitim, so zu empfinden. Und bei objektophilen Menschen ist es nun eben so, dass ihre Präferenz nicht einem gewissen Menschen gilt, sondern einem gewissen Gegenstand oder auch einer gewissen Art von Gegenständen. Und für diesen Gegenstand empfinden objektophile Menschen ebenso, wie Sie oder ich für einen geliebten Menschen empfinden. Auch das ist bei diesen Menschen so von der Natur eingerichtet. Und folglich ist es ebenso legitim, wie die Präferenz auf menschliche Wesen.

Eigentlich ganz einfach und logisch, wenn man darüber nachdenkt.

Aber trotzdem, tiefgehende Liebe für einen Gegenstand empfinden? Können Sie das nachvollziehen?
Bevor Sie nun antworten, lassen Sie mich Ihnen bitte im Folgenden ein paar Gedanken hierzu unterbreiten.

# Objektophilie und das Heiraten von Gegenständen
## Ein Gedankenexperiment

## 1. Können Gegenstände menschlich sein?

Diese Frage ist eigentlich gar nicht neu. So wurde sie auch schon in verschiedenen Science-Fiction Filmen bzw. Serien immer wieder einmal aufgegriffen. Meiner Kenntnis nach wurde das Thema aber stets eher oberflächlich behandelt.

Vor einem Jahr nun, habe ich den Film "Ich bin dein Mensch" gesehen. Dieser setzt sich eingehend mit der Frage auseinander, ob ein Roboter, der einem Menschen wirklich zum Verwechseln ähnlich ist, auch als ein Mensch bewertet werden kann, beziehungsweise auch als ein Mensch bewertet werden sollte und ob eine Lebenspartnerschaft zwischen einem solchen Roboter und einem Menschen gleichgesetzt werden kann, mit der Partnerschaft zwischen zwei wirklichen Menschen.

So einfach die eingangs gestellte Frage also auch klingen mag, ihr Kontext ist derart komplex, dass sich meiner Meinung nach jeder kritisch denkende Mensch mit einer Antwort hierauf äußerst schwer tun sollte.

Beginnen wir deshalb mit einer noch einfacher klingenden Frage: Was ist eigentlich ein Mensch?
Oder anders ausgedrückt, woran lässt sich zweifelsfrei erkennen, ob etwas/jemand ein Mensch ist, oder nicht?

Wir könnten nun zunächst einmal versuchen, diese Frage aufgrund anatomischer Gesichtspunkte zu beantworten, flankiert durch jene Kriterien, die Ärzte dazu benutzen, um zu entscheiden, ob jemand am Leben ist oder aber tot.

Ich möchte mit meiner Frage aber auf etwas anderes hinaus.

Ich möchte gern wissen, woran ich erkennen kann, ob etwas/jemand nach menschlichen beziehungsweise gesellschaftlichen, also letztlich nach moralischen Gesichtspunkten ein Mensch ist, beziehungsweise ein Individuum das in der Gesellschaft vorbehaltlos als Mensch anerkannt werden kann und auch anerkannt werden sollte.

*Eine Beurteilung, ob im Gegensatz dazu, diese Anerkennung dem einen oder anderen Menschen besser entzogen werden sollte, möchte ich an dieser Stelle aus ästhetischen Gründen aussparen. ;-)*

In dem Film „Ich bin Dein Mensch" steht ein Roboter infrage, der ohne eingehende Untersuchung nicht von einem Menschen zu unterscheiden ist, da sowohl sein Aussehen, als auch sein Verhalten, als perfekt menschlich angesehen werden kann. Würden wir ihn also erstmals sehen, so würde es uns leicht fallen, ihn als Menschen anzuerkennen, obwohl er keiner ist.

In dem Film „Der Elefantenmensch" wiederum, geht es um einen Menschen, der verkrüppelt und im Gesicht entsetzlich entstellt zur Welt gekommen ist und bis ins höhere Erwachsenenalter hinein sein Leben in einem Käfig eines Wanderzirkusses fristen muss, um bei den Vorstellungen als eine „gruselige Attraktion" präsentiert zu werden. Nach allerlei zu Herzen gehenden Verwirrungen und Qualen wird der „Elefantenmensch" in der Abschlussszene von einer Menschenmenge attackiert, die ihn für ein Monstrum hält. Es kommt zwar erfreulicherweise nicht zum Äußersten, doch zumindest nach ihrer ersten Wahrnehmung hatten die Menschen sich aufgrund seiner Erscheinung dazu entschieden, ihn nicht als Menschen anzuerkennen, obwohl er einer ist.

Schon dieser kleine Exkurs legt die Ansicht nahe, dass es allein aufgrund des Erscheinungsbildes eines Individuums nicht möglich ist, eine sichere Entscheidung darüber zu treffen, ob es sich um einen Menschen handelt oder nicht.

„Ich denke, also bin ich." Ist Ihnen dieser Satz bekannt? Meiner Kenntnis nach wollte Descartes hiermit zum Ausdruck bringen, dass zwar alle Wahrnehmungen täuschen können, dass jedoch ein selbstständig denkendes Wesen auch wirklich existieren muss. Könnte es also das Denken sein, das uns zum Menschen erhebt. Natürlich gehen wir davon aus, dass nicht nur die Menschen, sondern beispielsweise auch die Tiere denken. Doch vielleicht ist es ja das Ausmaß der Komplexität der selbstständigen Denkvorgänge, welches darüber entscheidet, wer ein Tier und wer ein Mensch ist. Ich nehme es vorweg: Ich bin mir sicher, dass dem nicht so ist. Einerseits, weil die geistigen Fähigkeiten des Menschen ziemlich breit gefächert sind und andererseits, weil auch künstliche Intelligenzen zu eigenständigen Denkvorgängen in der Lage sind und das Ausmaß von deren möglicher Komplexität uns in Zukunft sicherlich noch so manche Überraschung bereiten wird.

# Objektophilie und das Heiraten von Gegenständen
## Ein Gedankenexperiment

Ist es vielleicht die Fähigkeit zu eigenständigen Moralvorstel-
lungen, persönlichem Mitgefühl und diffizilem Kunstverständ-
nis? Offen gestanden glaube ich auch das nicht, denn all das
lässt sich auch im nicht menschenähnlichen Tierreich finden.
Denken wir an das Verhalten im Rudel und führen wir uns vor
Augen, dass Kunst immer im Auge des Betrachters liegt.

Und was ist mit einer überzeugenden Kombination aus alle-
dem? Nein, auch nicht. Denken wir an den Roboter aus „Ich
bin Dein Mensch". Auch wenn es diesen - so vermute ich zumindest - noch nicht gibt, so bin ich doch davon überzeugt,
dass es nur noch rein technische Belange sind, die uns daran
hindern, ihn zu erschaffen. Ich halte ihn also prinzipiell für
möglich, womit er in meine Grundsatzbetrachtung einbezogen
werden muss.

Für eine annähernd sichere Entscheidung bleibt also wohl
doch nichts anderes übrig, als den Joker zu ziehen und sich auf
die Anatomie zu beschränken. Denn immerhin gehe ich davon
aus, dass jedes Individuum als Mensch gelten kann, dessen Ei-
zellen bzw. Spermien zur Zeugung eines reinrassigen Menschen geeignet sind, zumindest wenn ich einmal von zeugungs-
unfähigen Exemplaren absehe. Allerdings stehe ich dann ers-
tens bei der Betrachtung seiner Nachkommen eigentlich ja er-
neut vor dem Dilemma der Entscheidung „menschlich oder
nicht", um eine sichere Diagnose stellen zu können und zwei-
tens ist dieses Kriterium in der Praxis des Lebens ohnehin un-
tauglich, da die benötigte Entscheidung ja in der Regel ad hoc

erfolgen soll.

OK, die Entscheidung, ob wir es mit einem menschlichen oder nicht menschlichen Lebewesen zu tun haben, fällt also schon mal schwer. Und die Entscheidung, ob wir es mit einer künstlichen Intelligenz oder mit der Intelligenz eines Lebewesens zu tun haben, ebenso. Und wenn mir also eine sichere Unterscheidung nicht möglich ist, was bedeutet das dann für meine zu schlussfolgernde Ansicht?

Richtig, ich halte es für möglich und legitim, Gegenstände ab einer bestimmten Reife und Komplexität als menschlich einzustufen.

Kennen Sie Leutnant Commander Data aus Star Trek? OK, dem fehlen die Gefühle. Aber er hat ja auch noch einen „Bruder" und der hat Gefühle. Den beispielweise würde ich als menschlich akzeptieren, auch wenn er, soweit ich weiß, ein ziemlich fieser Kerl ist.

Ja, genau, man kann solchen humanoiden Robotern Gefühle entgegen bringen. Man kann sie sympathisch finden oder auch unsympathisch und man kann sie lieben oder hassen, ganz so wie einen Menschen.

Nö, das zählt nicht, werden Sie vielleicht entrüstet sagen. Ist doch logisch, dass wir denen Gefühle entgegenbringen konnten. Die Humanoiden bei Star Trek (und ähnlichen Science-Fiction Filmen) wurden ja schließlich auch von Menschen gespielt. OK, eins zu null für Sie. Ich möchte aber zu bedenken geben, dass wir alle Zuschauer bereitwillig akzeptiert haben, dass es ein humanoider Roboter ist, dem wir da unsere Gefühle entgegen bringen.

Und selbst offensichtlich gefühllosen Robotern oder Humanoiden werden Gefühle entgegengebracht, oder dieses zumindest als vollkommen verständlich angesehen. Sei es der Roboter, der Perry Rhodan auf einer einsamen Mission so treu begleitet und beschützt, seien es die Hauptdarsteller der Animationsfilme „Cars" oder „Robots", oder sei es der kleine Roboter WALL·E aus „Der Letzte räumt die Erde auf".

Und denken Sie bitte an unsere Kinder, die ganz selbstverständlich mit ihren Spielzeugen sprechen und sie herzlich umarmen und küssen. Und wohl bald jedes Kind hat eine Puppe oder ein Kuscheltier, welche/s es so innig liebt, dass diese Liebe an jene, die es für Mama und Papa empfindet, heranreicht. Doch auch beispielsweise ein Auto („Cars") oder ein Ball kann diese Liebe von einem Kind erfahren.

<u>Feststellung 1:</u> Es ist legitim, einem nicht menschlichen Individuum Gefühle entgegenzubringen.

An dieser Stelle möchte ich nun überleiten, zu der Frage, wie stark solche Gefühle eigentlich werden können.

## 2. Was motiviert einen erwachsenen Menschen dazu, einen Gegenstand zu lieben?

„Der liebt sein Auto mehr, als seine Frau!" Kenne Sie solche und ähnliche Behauptungen?

Sicher, sie sind wohl nicht ganz ernst gemeint. Aber es deutet auf einen für das geplante Gedankenexperiment wichtigen Sachverhalt hin. Wir finden es nämlich durchaus „ganz normal", Gegenständen starke Gefühle entgegenzubringen. Wenn jemand seine Blumen hingebungsvoll hegt und pflegt und immer wieder einmal sanft mit den Fingerkuppen über ihre Blätter streicht und ab und zu auch mit warmer, weicher Stimme zu ihnen spricht, dann ist Liebe im Spiel. Im Ernst, das ist ein wirkliches und lupenreines Liebesgefühl. Und dafür muss man sich in unserer Gesellschaft auch nicht schämen, denn wir alle kennen das. OK, der Eine mehr und der Andere weniger. Aber immerhin. Und genauso kann man auch für einen liebevoll gehegten Teddybären empfinden, der es aus der Kindheit ins Erwachsenenalter geschafft hat oder für ein Motorrad, dass einen treu und zuverlässig im Leben begleitet.

<u>Feststellung 2:</u> Wir verlieben uns nicht in das, was jemand (oder etwas) ist, sondern in das, was wir darin sehen.

Liebe ist nicht Sex. Wer liebt, der verspürt ein tiefes Bedürfnis nach Nähe und danach, zärtlich zu berühren, zu streicheln, zu umarmen, sich hinzugeben und liebevoll zu beschützen.
Liebe kann jedoch sehr wohl zu sexuellen Bedürfnissen führen.

## Objektophilie und das Heiraten von Gegenständen
## Ein Gedankenexperiment

Es kann geschehen, dass man dem Geliebten einmal ganz besonders nahe sein will und sich deshalb immer enger anschmiegt und dass das Bedürfnis nach Nähe dabei so intensiv wird, dass man gleichsam mit dem Geliebten verschmelzen möchte, eindringen, eins werden mit ihm. Und das kann bis zum berühmten „Point of no Return" gehen, sodass man sich nicht mehr lösen kann und will, bis ein Orgasmus einen aus der süßen Gefangenschaft erlöst.

Dieses Erlebnis kann süchtig machen; es kann dazu führen, dass man nicht mehr „nur" liebt, sondern nunmehr auch heißblütig begehrt. Die buchstäbliche, „unsterbliche Liebe" ist geboren, mit allem Drum und Dran.

Wohl jeder von uns hat in seiner Jugend erlebt, wie zu lieben bisweilen in sexuelle Bedürfnisse mündet und es ist ja bekanntermaßen auch im Erwachsenenalter nicht Schluss damit, mit dieser verwirrenden, quälenden, insbesondere jedoch einfach himmlischen Explosion von Adrenalin und Gott weiß was für welchen Hormonen noch, die unseren Körper dann in süßester Weise verrückt spielen lassen.

Und nun stellen Sie sich bitte vor, diese Lust, anstatt mit einem Menschen, mit einem Gegenstand erlebt zu haben. Sie können sich in Gedanken gern einen konkreten Gegenstand aussuchen. Welcher kommt ihnen in den Sinn, mit dem so etwas möglich wäre?
Welchem Gegenstand haben Sie schon warmherzige Gefühle entgegengebracht? Versetzen Sie sich gern auch in die Vergan-

genheit. In Ihre Kindheit und angehende Jugend vielleicht. Und nun stellen Sie sich vor, dass sie sich gerade sehr einsam fühlen. Und da ist es. Sie nehmen es in den Arm, streicheln sanft über seine Oberfläche.

Lassen Sie das Denken sein. Fühlen Sie nur.

Es ist für Sie da. Es nimmt sie an. Sie sind nicht mehr allein.

Das fühlt sich gut an. Sanfte Ruhe und Geborgenheit.

Sie schmiegen sich an, immer enger.

Ihre Wärme überträgt sich und strömt sanft zu Ihnen zurück.

Sie wärmen sich gegenseitig, spüren, wie wohlig nahe Sie einander sind und wie liebevoll beschützt.

Sie spüren das Bedürfnis, es zu küssen, es mit Ihrer Zunge zu berühren, zu schmecken. Machen Sie sich keine Gedanken darüber. Es ist doch ganz natürlich, Nähe zu den Dingen zu suchen und mit Mund und Zunge Kontakt zu ihnen aufnehmen zu wollen. Schon als Baby haben Sie so Ihre Welt ergründet.

Zögern Sie nicht und lassen Sie sich Zeit. Es mag das Gefühl Ihrer zärtlichen Zunge auf der Haut, es möchte mehr. Ziehen Sie ihre Zunge nicht zurück. Genießen Sie die tiefe Verbindung.

Umschlingen Sie es mit Ihren Beinen und reiben Sie sich sanft daran. Ein wundervolles Gefühl zwischen Ihren Lenden.

Fühlen Sie dieses wohlige Kribbeln im Bauch und die Lust, die sie überkommt. Geben Sie ihr nach. Sie wollen es. Sie wollen es doch beide so sehr. Lassen Sie es geschehen.

Lassen Sie einfach los und geben Sie sich hin ...

Ich weiß nicht, ob Sie die Gefühle, die ich meine, gerade eben nachempfinden konnten. Doch auch wenn nicht, ich wollte Ihnen damit nur näher bringen, wie sich aufgrund unserer Gefühle die Sicht auf die Dinge verändern kann.

Diese Erfahrung, zu lieben und zugleich lustvoll zu begehren, ist wundervoll. Ich hoffe, darin stimmen wir überein. Doch wenn diese Liebe und das Begehren einem Menschen gilt, dann kann es auch schmerzhaft werden, da Menschen nicht wirklich berechenbar sind. Von Dingen, die man liebt, wird man hingegen nicht enttäuscht, da sie für uns optimal berechenbar sind. Und was vielleicht sogar noch wichtiger ist, wenn sie uns gehören, dann sind sie uns auch jederzeit und ganz nach unseren Wünschen verfügbar.

Ganz pragmatisch betrachtet erscheint eine sexuelle Liebesbeziehung zu einem Gegenstand also durchaus als eine bedenkenswerte Alternative.

Und was ist mit Gegenständen, die man nicht ständig verfügbar hat? Tatsächlich ist es so, dass diverse Liebesbeziehungen zu Gegenständen dokumentiert sind, die wenig bis praktisch gar nicht physisch erreichbar für die Liebenden sind. Dennoch besteht diese Liebe und sie wird als nicht weniger tiefgehend beschrieben, als die beschriebenen Liebesbeziehungen zu Objekten die sich im Eigentum der Liebenden befinden.

Ich möchte an dieser Stelle ganz bewusst die Frage nach der Haltbarkeit von Fernbeziehungen ausklammern. Es sei jedoch

# Objektophilie und das Heiraten von Gegenständen
## Ein Gedankenexperiment

soviel dazu gesagt:

Die Liebe kann sowohl unabhängig von der Eigenart des Geliebten als auch unabhängig von der Entfernung zu ihm entstehen und aufrecht erhalten werden. Und der Kummer der Entfernung kann die Liebe dämpfen oder er kann sie noch verstärken.

Jeder Mensch kultiviert seine Liebe in sich selbst und nur er allein entscheidet über das Ausmaß, in welcher er sie empfindet.

<u>Feststellung 3:</u> Liebe kann, wenn die Verhältnisse günstig dafür sind, in ungezügeltes sexuelles Verlangen münden.

Bitte denken Sie nun aber nicht, dass es bei der Objektophilie also doch im Wesentlichen um Sex geht. Denn dieser Eindruck wäre wirklich falsch.

Es ist mir sehr wichtig, dass Sie das Ausmaß der möglichen Gefühle nachzuempfinden versuchen, welches die Objektophilie ausmacht und dass Sie für das geplante Gedankenexperiment verstehen, dass die Gefühle, welche ein objektophiler Mensch dem geliebten Gegenstand entgegen bringt, ebenso vielfältig und tiefgehend sind, wie Sie es aus den Liebesbeziehungen von Mensch zu Mensch kennen.

Begeben Sie sich gern einmal auf die Reise, so wie ich es zur Vorbereitung auf mein Gedankenexperiment getan habe, um mehr über die Gefühlswelt von objektophilen Menschen zu erfahren. Es sind im Internet hierzu, neben einigen eher reißerischen und oberflächlichen Darstellungen, erfreulicherweise auch einige seriös anmutende Beiträge sowie Websites von betroffenen Personen zu finden. Herausgreifen möchte ich hier für Sie insbesondere die folgenden Quellen:

www.objektophilia.de

www.duliebesding.de

Auch ist es mir wichtig, dass Sie offen dafür sind, die Objektophilie nicht einfach als eine behandlungswürdige psychische Störung abzutun. Denn ich denke, dass dieses eine fehlgeleitete Sicht auf die Objektophilie darstellt und zudem werden Sie dann mein geplantes Gedankenexperiment kaum nachvollziehen können.

<u>Feststellung 4:</u> Ein objektophiler Mensch hegt für ein geliebtes Objekt gleiche Gefühle, wie ein nicht objektophiler Mensch für einen geliebten Menschen.

## 3. Warum heiraten wir eigentlich?

Der Entschluss, jemanden zu heiraten, sollte reiflich überlegt sein. Neben dem einen oder anderen auch in der heutigen Gesellschaft noch wesentlichen, wirtschaftlichen Aspekt wird es heutzutage in der Gesellschaft bei diesem Entschluss insbesondere eine bedeutende Rolle spielen, ob man denjenigen wirklich und aufrichtig liebt und ob man mit ihm für den Rest seines Lebens in aufrichtiger menschlicher Treue zusammenleben will. Wer sich diese Frage im Überschwang der Gefühle nur halbherzig stellt und sie dann vorschnell mit einem überzeugten „ja" beantwortet, der wird der Tragweite dieser Frage nicht gerecht und fällt womöglich sowohl für den Ehepartner als auch für sich selbst eine folgenschwere Fehlentscheidung.

Stellen wir zunächst einmal die Liebe in den Vordergrund.

Die Liebe ist ein gewaltiges Gefühl, welches das Potenzial hat, den liebenden Menschen vollends zu vereinnahmen, sodass er im Sinne der Rationalität regelrecht unzurechnungsfähig wird. Dennoch ist die Liebe ein wichtiger Richtwert dafür, ob der Bund für´s Leben eine richtige Entscheidung sein könnte. Denn die Liebe ist ein unvergleichlich starkes Band, dass die Liebenden gegebenenfalls auch gegen alle von außen einwirkenden Widerstände in menschlich positivstem Sinne zusammenhalten kann.

Jedoch sollten sich jeder erwachsene Mensch darüber im Klaren sein, dass Liebe kein absolutes Gut ist, welches unumstößlich immer in derselben Stärke bestehen bleiben wird. Vielmehr ist die Liebe und auch deren Intensität ein Produkt einer von jedem Menschen selbst gefällten Entscheidung.

Und was ist mit der „Liebe auf den ersten Blick"?, werden Sie sich vielleicht fragen. Denn dieser geht doch nun wirklich kein persönlicher Entscheidungsfindungsprozess voraus! Ja, da gebe ich Ihnen recht. Doch es wird ja wohl bitte niemand ernsthaft so unreif sein, sofort aufgrund einer Liebe auf den ersten Blick, unmittelbar eine Ehe einzugehen. Denn diese Liebe ist, realistisch betrachtet, nicht mehr als ein kleiner verführerischer Keim, den wir, nachdem er in uns Wurzeln geschlagen hat, nach unserem Ermessen wachsen oder aber verdorren lassen können. Kein erwachsener Mensch, wirklich niemand ist einem Gefühl der unglücklichen Liebe hilflos ausgeliefert. Glauben sie deshalb bitte niemandem, der Ihnen etwas anderes auftischen möchte - also gegebenenfalls bitte auch sich selbst nicht! Denn wenn eine unerwiderte Liebe Sie ereilt, dann sind Sie selbst die maßgeblich lenkende Kraft. Also lenken Sie Ihre Gefühle bitte ins Positive und weiden Sie sich nicht in Ihrem Unglück. Wenn jedoch Ihre Liebe erwidert wird, dann stehen Ihnen alle Türen offen. Entscheiden Sie, ob diese Liebe in Ihnen wachsen und die ganz große Liebe für´s Leben werden soll. Denn sie wird dann später auch der Zement sein, der die Steine aus denen Sie und Ihr Gatte Ihre Partnerschaft aufbauen, zusammenhält. Doch bedenken Sie dabei, dass es nicht diese umwerfende und uns unserer Zurechnungsfähigkeit berauben-

# Objektophilie und das Heiraten von Gegenständen
## Ein Gedankenexperiment

de, jugendliche „rosarote Brille Liebe" ist, die Sie dauerhaft für Ihre Lebensgemeinschaft kultivieren sollten, sondern vielmehr eine feinsinnige und anschmiegsame, eine verständnisvolle und erwachsene Liebe. Denn nur diese Form der Liebe gestattet einander den Spielraum, den Sie für eine dauerhafte, erfüllende Partnerschaft benötigen.

Und wie steht es mit der Bereitschaft zu aufrichtiger menschlicher Treue?

Selbstverständlich ist es auch heute noch möglich, dass eine Ehe nicht aus Liebe und/oder tiefer Zuneigung, sondern ausschließlich aus materiellen Gründen geschlossen und aufrecht erhalten wird. Ich möchte diese Variante jedoch außer Acht lassen, weil ich davon ausgehe, dass sie in unserer Gesellschaft heutzutage eher als eine Ausnahme angesehen werden kann und sie zudem für das beabsichtigte Gedankenexperiment unerheblich ist.

"Ich will Dich lieben und ehren und will Dich beschützen und Dir treu sein, in guten und in schlechten Tagen, in Gesundheit und in Krankheit, bis dass der Tod uns scheidet". Es sind diese Worte, die dem geliebten Partner aufrichtig zu geloben, die vielen Schmetterlinge im Bauch verursachen.

Neben der schon thematisierten Liebe ist es für eine erfüllende Partnerschaft also von ebenso großer Bedeutung, dass der aufrichtige Wunsch besteht, mit dem potenziellen Ehegatten auch außerhalb erotischer Bedürfnisse einen liebevollen Umgang zu pflegen und achtsam für ihn da zu sein. Und dass ein Leben lang.

Sie wissen es ja sicher schon, „früher war alles besser!" ;-)

Aber im Ernst, ein bisschen ist schon dran, an der Behauptung; zumindest war es besser in Bezug auf das „füreinander da sein".

Wir sind es heutzutage gewohnt, dass wir innerhalb der Gesellschaft als weitgehend eigenständiges Individuum leben können. Jeder ist heutzutage unabhängig und kann seinen Lebensunterhalt selbst verdienen. Anderenfalls ist es ihm möglich, auf staatliche Institutionen zuzugehen, um von dort Hilfe zu erhalten, die es ihm ermöglicht, seinen Alltag weiterhin in weitgehender Unabhängigkeit zu verbringen.

Nicht zuletzt aufgrund dessen ist in unserer Gesellschaft eine zunehmende Anonymisierung wahrzunehmen. Früher half man einander in sehr vielen Situationen des Lebens, ganz einfach deshalb, weil der Alltag anders gar nicht zu meistern war. Daran waren die Menschen in der Gesellschaft gewöhnt. Heute gibt es für jede wesentliche Notlage diverse Dienstleister, die man zur Hilfestellung gegen Geld beauftragen kann. Wir brauchen einander also einfach nicht mehr in dem Maße, wie es früher der Fall gewesen ist. Darum sind wir auch nicht mehr so gut darin, füreinander einzustehen, wie es früher der Fall gewesen ist.

Gerade deshalb ist es wichtig, sich kritisch zu hinterfragen, ob man tatsächlich bereit dazu ist, seinem potenziellen Lebenspartner so viel seiner Zeit zu widmen, wie es für eine Ehe angemessen ist; zumal vor dem Hintergrund, dass der Partner im Laufe des Ehelebens auch Probleme bekommen könnte, bei denen er dann verständlicherweise auf Ihre Hilfe hoffen wird, da er Ihnen diese ja für einen solchen Fall ebenso versprochen hat.

„Liebe ist klasse, aber warum deshalb gleich heiraten?"
Nun ja, zugegeben, diese Frage muss in den Ohren von verliebten Menschen schon recht provokativ klingen. Doch berechtigt ist sie schon, meine ich.
Früher war in der Gesellschaft der Gedanke an eine ehelose Lebensgemeinschaft praktisch geächtet und es warf einen dunklen Schatten auf die gesamte Familie, wenn einer ihrer Sprösslinge es wagte, in „wilder Ehe" zu leben. Moralisch war man also dazu verpflichtet, zu heiraten, wenn man zusammenleben wollte. Heutzutage ist es doch aber eigentlich wirklich keine große Sache mehr, in einer festen Partnerschaft zusammenzuleben, ohne verheiratet zu sein.
Wenn also heute jemand den Wunsch äußert, sich vor dem Standesamt mit seinem Partner vermählen zu lassen, dann entspringt dieser Wunsch[5] nicht dem Bedürfnis, mit dem Partner zusammenleben zu wollen.
Vielmehr sehe ich darin den aufrichtigen Wunsch, sich freiwillig, dauerhaft an den Partner zu binden und sich ihm damit auch verbindlich zu verpflichten, wohlwissend, dass man sich damit abhängig von ihm macht. Für einen aufrichtig Liebenden

kann diese Tatsache sogar das zentrale Leitmotiv für seinen Wunsch nach einer Vermählung sein!

Selbstverständlich soll auch nicht außer Acht gelassen werden, dass der Wunsch, eine Ehe einzugehen dadurch motiviert sein kann, miteinander Nachkommen zu zeugen und diese in einer „intakten Familie" aufwachsen zu lassen. Dieser Aspekt ist jedoch für das abschließende Gedankenexperiment nicht von Belang, da ein Mensch mit einem zu heiratenden Objekt keine Kinder zeugen kann. Ich werde ihn deshalb im Folgenden nicht berücksichtigen.

<u>Feststellung 5:</u> Der Wunsch danach, eine Ehe einzugehen ist heutzutage motiviert, durch aufrichtige Liebe und das Bedürfnis den Ehegatten zu behüten und die Nähe zu ihm zu intensivieren.

<u>Feststellung 6:</u> Der Wunsch nach einer standesamtlichen Vermählung beweist ein Bedürfnis nach Verbindlichkeit, Dauerhaftigkeit und positiver Abhängigkeit vom geliebten Ehegatten.

# Objektophilie und das Heiraten von Gegenständen
## Ein Gedankenexperiment

Stellen wir nun einmal das Ende der Liebe in den Vordergrund.

Denn ob wir es nun wahrhaben wollen oder nicht, Liebe relativiert sich im Laufe der Zeit und sie kann ungünstigstenfalls sogar vollständig verschwinden. Kommen wir deshalb nun zur „Gretchenfrage" hinsichtlich der Ehe: „Wie wollen Sie es mit Ihrem Ehegelöbnis halten, wenn die Liebe im Wesentlichen erloschen ist?"

Ich glaube dass nur wenige von uns ehrlichen Herzens behaupten können, dass sie das Gelöbnis dann immer noch so ernst nehmen, wie es am großen Tag der Vermählung der Fall gewesen ist.

Tag für Tag sein Leben mit jemandem verbringen zu müssen, den man nicht ernsthaft liebt, das kann auf die Dauer doch echt nervtötend sein, finden Sie nicht auch? Da sind die Streitigkeiten doch vorprogrammiert.

Als weg mit der lästigen Ehe und hin zum Scheidungsanwalt.

OK, wenn gemeinsame Kinder da sind, die man liebt, dann fällt diese Entscheidung sicherlich nicht ganz so leicht, aber trotzdem: „Lieber ein Ende mit Schrecken, als ein Schrecken ohne Ende".

Ist doch so, oder?

# Objektophilie und das Heiraten von Gegenständen
## Ein Gedankenexperiment

Genau an dieser Stelle zeigen wir dann oft unsere unschöne Seite. Da wird beleidigt, gezankt und der Eine gönnt dem Anderen von der gemeinsamen Habe rein gar nichts mehr.

Das war bei Ihnen damals anders? OK, bei mir auch. Wir haben die Scheidung so über die Bühne gebracht, dass ein gemeinsamer Anwalt genügte und wir sie mit der zuständigen Scheidungsrichterin auf dem Flur vollziehen konnten, ohne große Sperenzien. Die Richterin bezeichnete das uns gegenüber als beispielhaft.
Möge es bei allen Scheidenden so sein.

Also Fazit: Heiraten, wenn man mag und weg mit der Ehe, wenn man sie nicht mehr mag. Basta!

Wirklich?

Wie gesagt, ich selbst bin auch geschieden. Aber die Sache an sich sehe ich dennoch kritisch, denn ich habe in gewisser Weise versagt. Als ich geheiratet habe, da war für uns beide klar, das ist der Bund für´s Leben. Liebe, Kind bekommen und Haus gekauft. Aber dann war offensichtlich doch jeder von uns sich selbst wichtiger, als unsere Partnerschaft und unsere gemeinsame Familie. Und ich denke schon, dass das in gewisser Weise traurig ist. Und unsere Tochter hätte sicherlich lieber, wenigstens bis in das Erwachsenenalter hinein, ein „intaktes Elternhaus" gehabt, wo die Eltern stets zusammenstehen und einander emotional zugetan sind.

Bitte verstehen Sie mich richtig. Ich möchte hier ganz gewiss nicht Fürsprache dafür halten, auf Gedeih und Verderb zusammenzubleiben, auch wenn die Beziehung langsam toxisch wird. Das wäre angesichts meiner Scheidung ja auch reichlich doppelzüngig. Jedoch möchte ich herausstellen, dass die Ehe auch heute in unserer Gesellschaft noch ein hohes und schützenswertes Gut sein sollte. Auch Dieter Bohlen soll in der Rückschau auf seine durch die Klatschpresse gezogenen, reichlich kurzen Ehe mit seiner Frau Verona gesagt haben, dass man mit der Ehe eben nicht spielen solle. Und recht hat er, denke ich.

Wenn Scheidung, dann bitte richtig, das heißt auf der Basis guter, ethischer Grundsätze, also mit gegenseitigem Respekt und gegenseitiger Achtsamkeit. Und sofern da ein Gefälle der Möglichkeiten geben sein sollte, weil abzusehen ist, dass einer der Ehegatten mit mehr Handlungsmöglichkeiten ausgestattet ist als der Andere und dass er nach der Scheidung auch sehr viel besser gestellt sein wird, dann muss es selbstverständlich sein, dass ein angemessener Ausgleich an den Schwächeren gegeben wird und gegebenenfalls ein angemessener Unterhalt gezahlt wird.

Wer also einen sehr viel schwächeren (finanziell, gesellschaftlich oder hinsichtlich der physischen oder psychischen Leistungsfähigkeit) Partner heiratet und ihm gegenüber somit das mit der Eheschließung verbundene Versprechen gibt, ab jetzt für ihn da zu sein,, der soll sich seiner Verantwortung, die er damit übernimmt, bewusst sein und diese im Falle der Scheidung auch übernehmen. Und das kann dann eben auch bedeuten, dass der Stärkere dem Schwächeren einen empfindlichen finanziellen Ausgleich bezahlen muss und/oder dass er nach der Scheidung für ihn sorgen muss, sofern dieser aufgrund physischer oder psychischer Leistungsunfähigkeit nicht dazu in der Lage sein sollte. Und, um das klarzustellen, ich denke hier nicht nur an den schnöden Zugewinn. Denn eine zum Zeitpunkt der Scheidung gegebene Hilflosigkeit des Ehegatten ist kein rechtlich geschützter Bestandteil davon. Ich spreche von Verantwortung und dem bei der Vermählung gegebenen Versprechen, diese „bis das der Tod uns scheidet" zu übernehmen.

<u>Feststellung 7:</u> Die Ehe ist ein hohes und schützenswertes gesellschaftliches Gut unserer Gesellschaft und sie soll nach anerkannten ethischen Grundsätzen geführt werden.

<u>Feststellung 8:</u> Das Versprechen, welches die Ehegatten einander mit ihrer Vermählung geben, verlangt danach, dass der stärkere Ehegatte den schwächeren Ehegatten auch nach dem Scheitern der Ehe nicht fallen lässt, sondern ihn angemessen unterstützt.

Diese zwar auch im Scheidungsrecht verankerte, jedoch insbesondere moralisch motivierte Erwartung ist ein wesentlicher Eckpfeiler für das nun folgende Gedankenexperiment.

**4. Gedankenexperiment**: <u>Sollte eine standesamtlich legitimierte Eheschließung zwischen einem Menschen und einem Gegenstand zugelassen werden?</u>

## Einleitung

Man könnte meinen, dass es unnötig ist, Gegenstände durch die Regeln der Ehe zu schützen, da sie ja ohnehin keine Empfindungen haben. Doch damit würden wir den Sachverhalt auf unser auf Menschen eingeengtes Weltbild reduzieren, was ich, wie schon bekannt, nicht als angemessen ansehe. Wir wollen für das Gedankenexperiment also akzeptieren, dass ein objektophiler Mensch sehr wohl ein Wesen und dessen Empfindungen in dem von ihm geliebten Objekt wahrnimmt.

Wir könnten das als Spinnerei abtun und ich fürchte, dass diese Auffassung auch weit verbreitet ist.

Doch ich bitte Sie, sich von dieser Ansicht zu lösen, sofern es die Ihre sein sollte, und sich einmal vor Augen zu führen, dass jeder Mensch eigene Empfindungen und Ansichten hat. Sicherlich sind auch Sie in Ihrem Leben schon einmal mit einer Situation konfrontiert worden, in der Ihre Ansicht von anderen Personen als falsch oder sogar als Spinnerei abgetan wurde. Wir alle neigen dazu, geringschätzig mit Dingen bzw. Sachverhalten umzugehen, für die uns das Verständnis fehlt.

Lehnen Sie bitte nicht etwas nur deshalb ab, weil Sie es nicht nachempfinden können.

Öffnen wir uns also für etwas Neues. Für etwas, das zwar vielleicht nicht unserer eigenen Empfindung entspricht, das wir aber dennoch als eine mögliche Variante menschlicher Empfindungen hinnehmen und akzeptieren können. Und mehr braucht es doch auch gar nicht, um zufriedenstellend miteinander zusammenzuleben.

# Objektophilie und das Heiraten von Gegenständen
## Ein Gedankenexperiment

Zunächst möchte ich verschiedene Fälle aufgreifen, die im Internet auf verschiedenen Websites zu finden sind. Sie mögen so, wie dort vorgestellt, der Realität entsprechen, oder auch nicht beziehungsweise zumindest nicht so ganz. Für das Gedankenexperiment ist deren Authentizität nicht von entscheidender Bedeutung.

Zunächst möchte ich auf „Erika Eiffel" eingehen, eine Dame, die den Eiffelturm - das Original - geheiratet haben soll. Also ein Objekt, das nicht ihr gehört und das sich weit weg von ihr befindet. Sie wird vielfach erwähnt, weil sie durch ihre Beharrlichkeit wesentlich dazu beigetragen haben soll, das Thema in die Öffentlichkeit zu tragen.

Weiters sind im Internet Berichte über Frauen zu finden, die Modelle oder auch die Originale von Passagierflugzeugen körperlich lieben und ihnen stets nahe sein möchten, soweit dies möglich ist. Die Flugzeugmodelle befinden sich, soweit für mich aus den Publikationen ableitbar, im Eigentum der Damen, die Originale jedoch nicht, was das Führen einer Lebensgemeinschaft weitgehend ausschließt.

Auch finden sich im Internet Schilderungen über eine Frau, die ihre Kuschel-Bettdecke geheiratet haben soll. Hier ist das Führen einer gemeinsamen Lebenspartnerschaft unproblematisch.

Und dann ist da noch von dem Bodybuilder Yuri Tolochko die Rede, der eine sogenannte „Realdoll" geheiratet haben soll. Eine Realdoll ist eine lebensgroße und mit allen weiblichen Reizen ausgestattete Latexpuppe. Aufgrund der Erscheinung einer

# Objektophilie und das Heiraten von Gegenständen
## Ein Gedankenexperiment

Realdoll vermute ich, dass er ähnliche Reize an ihr empfindet,
wie Menschen auch an anderen Menschen empfinden.
Zu den Realdolls wurde unter www.openpetition.de eine Petition zur Legalisierung der Ehe zwischen Menschen und Objekten eröffnet. Diese blieb allerdings ohne nennenswerte Reso-
nanz. Ich nehme aufgrund der Angaben über die Initiatoren
und die wenigen Befürworter zwar an, dass die Petition von einem Hersteller von Realdolls stammt, sodass mit der Petition
also eigene wirtschaftliche Interessen bedient wurden, doch
sie hat mich dennoch wesentlich zu meinem Gedankenexperiment animiert.

Es ist also festzuhalten, dass gemäß einiger Publikationen sowohl Gegenstände mit menschenähnlichem Aussehen geheiratet worden sind, als auch solche, die eindeutig kein menschen-
ähnliches Aussehen aufweisen. Es wurde jedoch keine dieser
Ehen in den jeweils zuständigen Ländern rechtlich legitimiert.

# Objektophilie und das Heiraten von Gegenständen
## Ein Gedankenexperiment

**Eingrenzung**

Ich weiß nicht, ob jene Menschen, die Objekte geheiratet haben, es auch dann getan hätten, wenn sie dann für ihren Ehegatten dieselbe Verantwortung übernehmen müssten, wie für einen menschlichen Ehegatten. Ich werde für mein Gedankenexperiment jedoch unterstellen, dass es wenigstens einige von ihnen getan hätten und das demzufolge ein Bedarf an solchen Ehen besteht.

Ich werde in meinem Gedankenexperiment sowohl persönliche Geschmacksfragen als auch in unserer Gesellschaft nicht fest verankerte religiöse Ansichten unberücksichtigt lassen, da ich sie als rein subjektiv und deshalb für eine verallgemeinerbare Betrachtung als nicht maßgeblich beziehungsweise nicht geeignet ansehe.

Auch werde ich mich in meinem Gedankenexperiment im Wesentlichen auf meine Rechtsauffassung stützen, welche ich, konkrete Gesetze betreffend, durch Recherchen in gültigen Gesetzestexten fundiert habe. Deren Auswahl kann also lückenhaft sein.

Zudem werde ich mich auf meine persönlichen ethischen Grundsätze stützen. Diese können also abweichend von jenen eines Lesers sein.

Ich bitte darum, dieses bei einer persönlichen Bewertung meiner Ausführungen zu berücksichtigen.

# Objektophilie und das Heiraten von Gegenständen
## Ein Gedankenexperiment

<u>Zusammenfassung der Feststellungen:</u>

1: Es ist legitim, einem nicht menschlichen Individuum Gefühle entgegenzubringen.

2: Wir verlieben uns nicht in das, was jemand (oder etwas) ist, sondern in das, was wir darin sehen.

3: Liebe kann, wenn die Verhältnisse günstig dafür sind, in ungezügeltes sexuelles Verlangen münden.

4: Ein objektophiler Mensch hegt für einen geliebten Gegenstand gleiche Gefühle, wie ein nicht objektophiler Mensch für einen geliebten Menschen.

5: Der Wunsch danach, eine Ehe einzugehen ist heutzutage motiviert, durch aufrichtige Liebe und das Bedürfnis den Ehegatten zu behüten und die Nähe zu ihm zu intensivieren.

6: Der Wunsch nach einer standesamtlichen Vermählung beweist ein Bedürfnis nach Verbindlichkeit, Dauerhaftigkeit und positiver Abhängigkeit vom geliebten Ehegatten.

7: Die Ehe ist ein hohes und schützenswertes gesellschaftliches Gut unserer Gesellschaft und sie soll nach anerkannten ethischen Grundsätzen geführt werden.

8: Das Versprechen, welches die Ehegatten einander mit ihrer Vermählung geben, verlangt danach, dass der stärkere Ehegatte den schwächeren Ehegatten auch nach dem Scheitern der Ehe nicht fallen lässt, sondern ihn angemessen unterstützt.

# Objektophilie und das Heiraten von Gegenständen
## Ein Gedankenexperiment

## Gedankenexperiment

## 1. Ethische Betrachtung

Wie im Kapitel 3 schon behandelt, halte ich es für sehr wichtig, dass der gesellschaftliche Wert der Ehe geschützt wird. Indem man sich entschließt, mit jemandem die Ehe eingehen zu wollen, gibt man zugleich das Versprechen ab, dass man seinem zukünftigen Ehegatten ein Höchstmaß an Wertschätzung, Liebe und Respekt entgegenbringen und dass man Verantwortung für ihn und sein Wohlbefinden übernehmen wird. Und ich vertrete die Auffassung, dass es genauso auch bleiben soll. Verheiratete Menschen können und sollen sich deshalb bitte auch dagegen wehren, wenn Ihnen dieses in oder ggf. nach der Ehe versagt wird.

Würde es sich bei dem Geheirateten jedoch um einen Gegenstand handeln, der sich im Eigentum seines Ehegatten befindet, so wäre dieser Gegenstand seinem Ehegatten hilflos ausgeliefert, denn Menschen dürfen gemäß geltendem Recht - zumindest solange keine anderen Meschen dabei beeinträchtigt werden - im Prinzip mit ihren Gegenständen tun und lassen was sie wollen.

Schon diese Tatsache allein dürfte ausreichend dafür sein, dass viele Personen einem objektophilen Menschen die Ernsthaftigkeit seiner Gefühle und seiner Beziehungswünsche absprechen, oder diese doch zumindest massiv in Frage stellen. Erschwerend kommt hinzu, dass Menschen, die einen Gegenstand im Lichte der Öffentlichkeit und mit viel Tamtam heiraten und wenig später schon mit dem nächsten Gegenstand eine Beziehung beginnen, die gehegtem Zweifel an der Ernsthaftigkeit vermehren. Zugegebenermaßen fällt es auch mir schwer, in einem solchen Fall noch an die große Liebe des Lebens zu glauben. Nur ginge mir das bei einem Menschen, der mit seinem frisch angetrauten menschlichen Ehegatten so umgeht, auch nicht anders.

Wer, gleichgültig ob Humanophiler mit einem Menschen oder Objektophiler mit einem Gegenstand, die Ehe eingehen möchte, der muss auch bereit dazu sein, sich den Gesetzen zu beugen, die das Bürgerliche Gesetzbuch (BGB) für diesen Fall vorsieht.

Ich betrachte alle! Menschen als grundsätzlich fähig dazu, einem geliebten Wesen partnerschaftlich treu zu sein. Und mir ist bei meinen Recherchen kein Grund dafür offenbar geworden, warum Objektophile hier anders zu beurteilen sein sollten, als Humanophile. Deshalb bin ich nun überzeugt davon, dass es sowohl unter den humanophilen, als auch unter den objektophilen Menschen auch viele Vertreter geben wird, die das Ehegelöbnis wirklich ernst meinen und eine aufrichtige und vor allem auch haltbare Treuebereitschaft besitzen.
Da ich keinen vernünftigen Grund für das Gegenteil finden konnte, so gehe ich auch davon aus, dass der Anteil der treuen Menschen bei den Objektophilen letztlich ebenso hoch sein wird wie bei den Humanophilen.
Vor diesem Hintergrund sehe ich deshalb eine ethische Be-

rechtigung als gegeben an, auch objektophilen Menschen eine standesamtlich legitimierte Ehe zu ermöglichen.

<u>Erkenntnis 1:</u> Ich glaube daran, dass es viele objektophile Menschen gibt, die bereit dazu sind, ihrem geliebten Gegenstand ein Leben lang treu zu sein und lebenslang Verantwortung für ihn zu übernehmen.

Wie aber sieht es denn mit den diesbezüglichen Gesetzen aus?

## 2. Rechtliche Betrachtung

Die Liebe an sich kann als ein Akt der freien Meinungsaus-
übung verstanden werden.
Ebenso verhält es sich mit der Auffassung, die der Liebende
vom geliebten Objekt hat.

Solange sich das geliebte Objekt im Eigentum des Liebenden
befindet, ist die Ausübung von sexuellen Handlungen an bzw.
mit dem Objekt durch das Eigentumsrecht legitimiert. Befindet
sich das Objekt hingegen im Eigentum eines Dritten, so bedarf
die Ausübung sexueller Handlungen der Erlaubnis des Eigentü-
mers.

Erkenntnis 2: Es ergeben sich unter den genannten Vorausset-
zungen aus rechtlicher Sicht für mich keine Bedenken dagegen,
dass ein Mensch eine sexuell bereicherte, Liebesbeziehung zu
und mit einem Objekt führt.

## 2.1. Voraussetzungen für die Eheschließung

Die für eine Eheschließung zu beachtenden Rechtsgrundlagen sind im Bürgerlichen Gesetzbuch (BGB) zu finden. Die meiner Auffassung nach für das fragliche Thema maßgeblichen Passagen werde ich in meinem Gedankenexperiment aufführen und näher betrachten.

Gemäß Paragraf 1353 des BGB wird eine Ehe zwischen 2 Personen gleichen oder unterschiedlichen Geschlechts geschlossen. Auch müssen diese gemäß Paragraf 1303 BGB ehemündig, also volljährig und gemäß Paragraf 1304 BGB zudem geschäftsfähig sein. Darüber hinaus wird eine Ehe gemäß den Paragrafen 1310 bis 1312 BGB nur rechtswirksam, wenn beide Ehegatten vor einem Standesbeamten gemeinsam erklären, die Ehe miteinander eingehen zu wollen. Insbesondere die Anforderungen gemäß Paragraf 1303 und 1304 BGB sind auf Gegenstände nicht zutreffend und eine Einverständniserklärung, wie in den Paragrafen 1310 bis 1312 BGB gefordert, kann von Gegenständen nicht abgegeben werden, sodass eine standesamtliche Vermählung mit ihnen aufgrund dessen nach gegebener Rechtslage ausgeschlossen ist.

Es erscheint mir jedoch als möglich, die fraglichen Paragrafen für eine Legitimation von Ehen mit Gegenständen anzupassen. So könnten die Paragrafen 1303 und 1304 BGB dahingehend geändert werden, dass diese Anforderungen bei einem Gegenstand nicht geben sein müssen.

Die Paragrafen 1310, 1311 und 1312 BGB könnten dahingehend geändert werden, dass die Erklärung von einem Gegenstand, der sich im Eigentum des menschlichen Ehegatten befindet, nicht abgegeben werden muss. Und anderenfalls könnte festgelegt werden, dass die Einverständniserklärung vom Eigentümer beziehungsweise einem offiziell von ihm hierfür benannten Vertreter abgegeben werden muss.

Der Paragraf 1353 schließlich, würde erfüllt werden, wenn die Gegenstände mit dem Akt der Vermählung gleichzeitig auch als Personen anerkannt würden und entsprechende Rechte erhielten.

Diese Persönlichkeitsrechte müssten konkret gesetzlich geregelt werden und einen Umfang aufweisen, der sowohl rechtlich als auch gesellschaftlich geeignet dazu ist, eine reguläre Ehe, gleichrangig einer Ehe zwischen zwei menschlichen Ehegatten zu führen; mit einer Ausnahme allerdings: Da gegenständliche Ehegatten kein Einverständnis in sexuelle Handlungen geben können, so müssten diese dem menschlichen Ehegatten grundsätzlich erlaubt sein, soweit sie liebevoll erfolgen, also ohne den gegenständlichen Ehegatten zu beschädigen. Hiervon abgesehen muss für die Persönlichkeitsrechte des verheirateten Objektes festgelegt werden, dass diese das Eigentumsrecht des menschlichen Ehegatten zumindest in soweit einschränken, dass daraufhin glaubwürdige Persönlichkeitsrechte im Sinne des BGB entstehen können.

Ein Problem sehe ich allerdings bei Ehen, die mit Gegenständen eingegangen werden sollen, die sich nicht im Eigentum

# Objektophilie und das Heiraten von Gegenständen
## Ein Gedankenexperiment

des heiratswilligen Menschen befinden. Die fragliche Einschränkung der Eigentumsrechte erscheint mir nämlich nur dann als plausibel und durchsetzbar, wenn sie ausschließlich den menschlichen Ehegatten betrifft. Ich erkenne deshalb an, dass staatlich legitimierte Vermählungen mit Gegenständen außerhalb des persönlichen Eigentums nicht realisierbar sein werden, und möchte sie deshalb aus meinen weiteren Betrachtungen aussparen.

Da ich die Persönlichkeitsrechte des gegenständlichen Ehegatten für den menschlichen Ehegatten nur dann als real anwendbar ansehe, wenn sie auch gesellschaftlich respektiert werden, so muss im Zuge der gesetzlichen Regelung der Persönlichkeitsrechte auch gesetzlich geregelt werden, dass dritte Personen diese Persönlichkeitsrechte im Alltag zu respektieren haben. Beispielsweise könnten diese wie folgt in das BGB an geeigneter Stelle aufgenommen werden: "Die Persönlichkeit eines gegenständlichen Ehegatten ist gleichgestellt mit der Persönlichkeit einer dem menschlichen Ehegatten schutzbefohlenen Person". Auf dieser Basis könnte ein plausibler Rechtschutz für verheiratete Gegenstände errichtet werden.
Ich möchte jedoch ausdrücklich darauf hinweisen, dass ich hiermit nicht die Auffassung vertrete, dass den fraglichen Gegenständen diese Persönlichkeitsrechte per se und unabhängig von ihrer Ehe verliehen werden sollen. Vielmehr sollen sie sich allein auf ihre Eigenschaft als Ehegatte beziehen und insofern weitgehend für das Innenverhältnis der Ehe gegeben werden.

# Objektophilie und das Heiraten von Gegenständen
## Ein Gedankenexperiment

Im Außenverhältnis werden sie im Sinne meines Experimentes nur insoweit benötigt, dass es ihren menschlichen Ehegatten dadurch möglich wird, die Ehe im ethisch und rechtlich geforderten Sinne und Umfang ohne Behinderung durch die Gesellschaft zu führen.

Anmerkung: Es sollte an dieser Stelle nicht unerwähnt bleiben, dass eine Ehe zwischen Mensch und Objekt selbstverständlich nur auf Basis einer Zugewinngemeinschaft gemäß Paragraf 1363 BGB denkbar ist, da anderenfalls ja ein Ehevertrag aufgesetzt werden müsste und ich den Gedanken an die Schließung eines rechtsgültigen Vertrages mit einem Gegenstand für abwegig halte, da diese nicht geschäftsfähig sind.

Erkenntnis 2: Es erscheint als möglich, das BGB derart anzupassen, dass Vermählungen von Mensch und Gegenstand legitimierbar werden. Zumindest dann, wenn sich der Gegenstand im Eigentum des heiratswilligen Menschen befindet.

## 2.2. Führen der Ehe

Paragraf 1355 BGB legt die Regeln für die Nachnamensgebung fest. Hier könnte für eine Vermählung von Mensch und Gegenstand festgelegt werden, dass der menschliche Ehegatte über die Namensgebung entscheidet.

Paragraf 1356 BGB legt die Regeln zur Haushaltsführung fest. Diese kann auch von einem der Ehepartner allein in dessen Verantwortung erfolgen. Eine Anpassung des Paragrafen wäre also nicht erforderlich.

Paragraf 1357 BGB legt die Regeln für die Geschäfte zur Deckung des Lebensbedarfes fest. Diese werden hiernach von jedem der Ehegatten zugunsten oder zulasten beider Ehegatten geführt und müssten also aufgrund der Handlungsunfähigkeit des gegenständlichen Ehegatten vom menschlichen Ehegatten in dessen alleiniger Verantwortung für beide Ehegatten geführt werden. Eine Anpassung des Paragrafen wäre nicht erforderlich.

Paragraf 1358 BGB legt die Regeln für die gegenseitige Vertretung bei der Gesundheitssorge für den Fall fest, das einer der Ehegatten handlungsunfähig ist. Dieses trifft auf den gegenständlichen Ehegatten dauerhaft zu. Die gesetzten Regeln sind hier als Berechtigungen, jedoch nicht als Pflichten für die Wahrnehmung der Gesundheitssorge formuliert. Es wäre deshalb erforderlich, den Paragrafen in der Weise anzupassen, dass menschliche Ehegatten dazu verpflichtet sind, für die Unversehrtheit ihrer gegenständlichen Ehegatten zu sorgen.

Paragraf 1359 BGB legt den Umfang der Sorgfaltspflichten der Ehegatten füreinander fest. Bei Handlungsunfähigkeit eines Ehegatten kann und muss jeder für den anderen im selben Maße einstehen, wie er es auch für sich selbst tut. Die Sorgfaltspflicht für beide Ehegatten läge also dauerhaft allein in der Verantwortung des menschlichen Ehegatten. Eine Anpassung des Paragrafen wäre nicht erforderlich.

Paragraf 1360 BGB regelt die Verpflichtung zum Familienunterhalt. Hiernach sind die Ehegatten einander dazu verpflichtet, durch ihre Arbeit und mit ihrem Vermögen die Familie angemessen zu unterhalten. Ist einem Ehegatten die Haushaltsführung überlassen, so erfüllt er seine Verpflichtung, durch Arbeit zum Unterhalt der Familie beizutragen, in der Regel durch die Führung des Haushalts. Eine Anpassung des Paragrafen wäre nicht erforderlich.

Paragraf 1360a BGB regelt den Umfang der Unterhaltspflicht für die Familie. Da diese Regeln es gestatten, dass der Unterhalt der Familie nur durch einen der Ehegatten erfolgt, so wäre eine Anpassung des Paragrafen nicht erforderlich.

Paragraf 1360b BGB regelt den Umgang mit sog. Zuvielleistungen. Hier ist festgelegt, dass für den Fall, das einer der Ehegatten überproportional viel für den Unterhalt der Familie leistet, nicht davon ausgegangen wird, dass er hierfür einen Ausgleich erwartet. Der menschliche Ehegatte darf also aufgrund der Tatsache, dass er allein für seine kleine Familie aufkommt, keine zusätzlichen Rechte gegenüber seinem gegenständlichen Ehegatten für sich ableiten. Eine Anpassung des Paragrafen wäre nicht erforderlich.

Alle Paragrafen des BGB, die sich mit der Verfügung über das Familienvermögen und die Schließung von Verträgen im Zeitraum der Ehe befassen, müssen dahingehend angepasst werden, dass diese nicht der Einwilligung des gegenständlichen Ehegatten bedürfen. Zugleich müssen alle diesbezüglichen Aktivitäten des menschlichen Ehegatten als rechtswidrig eingestuft werden, welche dem gegenständlichen Ehegatten offensichtlich Schaden zufügen, indem sie ihn bewusst verletzen oder dessen Zugewinn in unangemessener Weise zugunsten des menschlichen Ehegatten mindern.

Der gegenständliche Ehegatte kann prinzipiell als eine hilflose und dem menschlichen Ehegatten schutzbefohlene Person angesehen werden. Aufgrund dessen müssten alle betroffenen Paragrafen des BGB dahingehend geprüft und ggf. auch in angemessener Weise soweit angepasst werden, dass sie anschließend zur Wahrung der Unversehrtheit des gegenständlichen Ehegatten geeignet sind. Immerhin ist zu bedenken, dass es sich bei einer herbeigeführten Beschädigung des gegenständlichen Ehegatten nicht mehr um eine Sachbeschädigung, sondern um den Tatbestand der Körperverletzung handeln würde. Ich denke, das ist ein wichtiger Aspekt, der berücksichtigt werden muss.

Da gegenständliche Ehegatten nicht für sich selbst einstehen können, so erscheint es folglich als geboten, dass eine Kontrollinstanz geschaffen wird, welche die Eheführung in achtsamer und angemessener Weise begleitet, um die Wahrung der Rechte von gegenständlichen Ehegatten regelmäßig in Augenschein zu nehmen.

<u>Erkenntnis 3:</u> Es erscheint als möglich, dass ein menschlicher Ehegatte und ein gegenständlicher Ehegatte eine Ehe nach den Regeln des BGB führen. Zur Wahrung der Interessen des gegenständlichen Ehegatten müssten unabhängige, staatlich überwachte Kontrollen eingeführt werden.

## 2.3. Herbeiführen einer Ehescheidung und deren Folgen

Ganz so, wie bei einer Ehe zwischen zwei Menschen, einer der Ehegatten den Wunsch haben kann, die Ehe scheiden zu lassen, halte ich es auch für möglich, dass der menschliche Ehegatte sich von seinem gegenständlichen Ehegatten scheiden lassen möchte.

Für eine glaubwürdige Sinnhaftigkeit meiner bisherigen Ausführungen kann auch dieses nur nach gesetzlichen Regeln ablaufen, welche auch für Ehen zwischen menschlichen Ehegatten gelten. Auch hier werden Anpassungen erforderlich sein.

Paragraf 1565 BGB sagt aus, dass eine Ehe geschieden werden kann, wenn die Lebensgemeinschaft der Ehegatten nicht mehr besteht und eine Wiederherstellung nicht zu erwarten ist. Im Paragrafen 1566 BGB ist als Voraussetzung hierfür angegeben, dass die Ehegatten seit mindestens einem Jahr getrennt voneinander gelebt haben (die sog. Trennung von „Tisch und Bett") und danach beide der Ehescheidung zustimmen müssen oder aber dass sie mindestens seit drei Jahren getrennt voneinander gelebt haben müssen, wenn die Ehe auch ohne Zustimmung des anderen Ehegatten geschieden werden soll. Da ein gegenständlicher Ehegatte der Scheidung nicht zustimmen kann, so müsste die Trennung also nachweislich wenigstens drei Jahre betragen haben.

Im Falle eine Ehe zwischen Mensch und Gegenstand muss die alleinige Initiative natürlich vom menschlichen Ehegatten ausgehen. Dieser muss unter Beweis stellen, dass er tatsächlich seit mindestens drei Jahren von seinem gegenständlichen Ehegatten getrennt lebt. Natürlich gelten hierfür aber die schon erwähnten Regeln zur Führung der Ehe (siehe 2.2). Der menschliche Ehegatte sollte also tunlichst unter Beweis stellen, dass er seinen Pflichten auch während des Trennungszeitraumes nachkommt bzw. beweisen können, dass er diesen nachgekommen ist. Den gegenständlichen Ehegatten einfach in einer Kiste bei Mama im Keller zu verstauen, ist ganz sicher keine gute Idee, da der menschliche Ehegatte sich hierdurch ja der Verletzung von gleich mehreren der oben genannten Paragrafen schuldig macht. Hierzu weiter unten noch mehr.

Paragraf 1361 BGB regelt den Unterhalt bei Getrenntleben. Hiernach muss der finanziell besser gestellte Ehegatte dem schlechter gestellten Ehegatten einen Unterhalt als eine monatliche Geldrente bezahlen, die den Lebensverhältnissen und dem Vermögen beider Ehegatten entspricht. Ein menschlicher Ehegatte wäre also dazu verpflichtet, seinem gegenständlichen Ehegatten eine dem gemeinsamen Lebensstandard angemessene Rente zu bezahlen.

Paragraf 1361a und b BGB regeln die Verteilung des Familieneigentums bei Getrenntleben. Hier sind die Anforderungen für die gleichmäßige Aufteilung des Zugewinns festgelegt, der im Laufe der Ehe erzielt wurde.

Wenn Sie mich fragen, dann wäre es für das nötige Getrenntleben zum Beispiel keine schlechte Idee, den gegenständlichen

Ehegatten für mindestens drei Jahre in einem dem bisherigen Lebensstandard seiner kleinen Familie entsprechenden Hotel unterzubringen und dafür zu sorgen, dass er, beispielweise durch einen Pflegedienst, betreut wird, sodass regelmäßig nach dem Ehegatten geschaut wird, um seine Unversehrtheit sicherzustellen. Ich weise darauf hin, dass diese Betreuung nicht vom menschlichen Ehegatten selbst übernommen werden sollte, da hierdurch kein Getrenntleben mehr stattfinden und folglich die Ehe einfach weitergeführt würde.

Mir ist bewusst, dass diese Vorstellung in den Augen vieler Leser erheblich überzogen klingen wird. Ich möchte deshalb an dieser Stelle nochmals eindringlich darauf hinweisen, dass ich die Einrichtung und Wahrung von plausiblen Persönlichkeitsrechten für den gegenständlichen Ehegatten als Voraussetzung dafür ansehe, die Ehe zwischen Menschen und Gegenständen zu legitimieren. Und diese Persönlichkeitsrechte müssen eben auch dann weiterhin durch den menschlichen Ehegatten rechtmäßig und respektvoll wahrgenommen werden, wenn die Liebe erlöschen ist!

Es wäre Sache des Gesetzgebers, die Angemessenheit einer Unterbringung des gegenständlichen Ehegatten zu bewerten und den geforderten Zeitraum für das Getrenntleben von ihm festzulegen. Möglicherweise wird hier ein geringerer Zeitraum, als der im Paragrafen 1566 (2) BGB Angegebene, als angemessen angesehen werden.
Diesen Zeitraum vollständig zu streichen, hielte ich jedenfalls

angesichts der Wertigkeit der Ehe für unangemessen.

Ist die Ehe schließlich geschieden, so ist die Frage des Unterhalts zu klären.

Im BG sind hierzu ab Paragraf 1569 die geltenden Regelungen festgelegt.

Sollte es den Ehegatten erlaubt gewesen sein und haben sie aufgrund dessen ein oder mehrere Kinder adoptiert, so wäre die Frage des Unterhalts natürlich insbesondere auf die Kinder zu beziehen. Ich möchte jedoch mein Gedankenexperiment auf kinderlose Ehen beschränken und werde deshalb auf die Belange gemeinsamer Kinder nicht eingehen.

Wesentlich ist der Paragraf 1572 BGB, in dem geregelt ist, dass ein Ehegatte, dem wegen Schwäche seiner körperlichen Kräfte keine Erwerbstätigkeit zugemutet werden kann, einen Unterhalt verlangen kann. Da ein gegenständlicher Ehegatte diese nicht verlangen kann, so wäre dahingehend eine Anpassung des Paragrafen erforderlich, dass dem gegenständlichen Ehegatten dieser Unterhalt automatisch zusteht.

Selbstverständlich benötigt ein gegenständlicher Ehegatte nach der Scheidung nicht im selben Maße Unterhalt, wie ein menschlicher Ehegatte. Dennoch sollte meines Erachtens bestimmt werden, dass der menschliche Ehegatte dazu verpflichtet ist, seinen gegenständlichen Ehegatten nach einer Scheidung in respektvoller und derart geeigneter Weise aufzubewahren, dass hierdurch seine Unversehrtheit gewährleistet ist und auch dauerhaft gewährleistet bleibt. Sofern es einen positiven Zugewinn aus der Ehe gegeben hat, so kann diese Aufbewahrung ja beispielsweise aus dem Anteil des gegenständlichen Ehegatten beglichen werden, sodass der menschliche Ehegatte die Aufbewahrung erst dann selbst finanzieren muss, wenn dieser Anteil aufgebraucht ist.

In jedem Falle sollte eine Regelung geschaffen werden, die wirksam verhindert, dass der respektvolle Umgang mit dem gegenständlichen Ehegatten nach der Ehescheidung einfach endet, sodass er danach nur noch, wie zuvor, ein rechtloser Gegenstand ist. Denn dieses widerspräche nicht nur der aktuellen, rechtlichen Auffassung, sondern auch und sogar vor allem der ethischen Auffassung, welche wir in unserer Gesellschaft von der Ehe haben.

Sofern wir also anerkennen, dass gegenständliche Ehegatten für objektophile Menschen viel mehr sind, als nur tote Gegenstände, so sollte dieser Ansatz auch konsequent zu Ende gedacht werden. Und dieses insbesondere von den objektophilen Menschen selbst.

Für den Fall also, dass sie hierzu bereit sein sollten, bin ich zu der Überzeugung gelangt, dass es den objektophilen Menschen zugestanden werden sollte, eine Ehe nach Recht und Gesetz mit ihrem geliebten Objekt einzugehen. Zumindest dann, wenn sich dieses Objekt in ihrem Eigentum befindet.

## Ausblick

Mir ist natürlich vollends bewusst, dass es für eine tatsächliche Legitimierung der Ehe mit Gegenständen nicht nur einer gesetzlichen Regelung bedarf, sondern dass insbesondere auch eine allgemeine Veränderung der Einstellung gegenüber der Ehe mit Gegenständen in der Gesellschaft hierfür erforderlich ist. Und eine solche Veränderung kann nur mit der Zeit erfolgen. Die hier angeregte, gesetzliche Regelung sehe ich jedoch als eine Voraussetzung hierfür an.

Dennoch möchte ich meine Ausführungen nicht als eine konkrete Aufforderung hierzu verstanden wissen. Vielmehr geht es mir darum, Verständnis für die Objektophilie zu wecken und eine Anregung zu geben, hierbei gedanklich neue Wege zu gehen. Dieses könnte neben der Objektophilie auch gerade im Hinblick auf immer menschlicher werdende, menschenähnliche Objekte in Zukunft von Bedeutung werden.

Sehr freuen würde ich mich darüber, wenn meine Ausführungen dazu beitragen, die Position objektophiler Menschen in der Gesellschaft zu stärken, da ich im Zuge meiner Recherchen Verständnis für sie und ihre Gefühlswelt entwickelt habe und eben auch dafür, dass einige von ihnen den Wunsch haben, ihre Liebe zu ihrem Partner durch eine rechtsgültige Ehe legitimieren zu lassen.

FSC
www.fsc.org
MIX
Papier aus ver-
antwortungsvollen
Quellen
Paper from
responsible sources
FSC® C105338

© 2023, Lanvi Pasyon
Herstellung und Verlag:
BoD – Books on Demand, Norderstedt
ISBN: 9783746082851